토끼전

The Story of the Rabbit

머리말

"다락원 한국어 학습문고" 시리즈는 대표적인 한국 문학 작품을 한국어 학습자들의 읽기 수준에 맞도록 재구성하여 쉽고 재미있게 독해력을 증진할 수 있도록 하였습니다. '국제 통용 한국어 표준 교육 과정'과 '한국어 교육 어휘 내용 개발'을 기준으로 초급부터 고급(A1~C2)으로 구분하여 지문을 읽으면서 각자의 수준에 맞는 필수 어휘와 표현을 자연스럽게 익힐 수 있습니다.

시대적 배경과 관련된 어휘에는 별도의 설명을 추가하여 그 당시 문화에 대해 이해하면서 본문을 읽을 수 있도록 하였습니다. 더불어 의미 전달에 충실한 번역문과 내용 이해 문제를 수록하여 자신의 이해 정도를 점검하고 확인할 수 있도록 하였고, 전문 성우가 직접 낭독한 음원을 통해 눈과 귀를 동시에 활용한 독해 연습이 가능하도록 하였습니다.

"다락원 한국어 학습문고" 시리즈를 통해 보다 유익하고 재미있는 한국어 학습이 되시길 바랍니다.

다락원 한국어 학습문고
저자 대표 **김유미**

Preface

The Darakwon Korean Readers series adapts the most well-known Korean literary works to the reading levels of Korean language learners, restructuring them into simple and fun stories that encourage the improvement of reading comprehension skills. Based on the "International Standard Curriculum for the Korean Language" and "Research on Korean Language Education Vocabulary Content Development", the texts have been graded from beginner to advanced levels (A1~C2) so that readers can naturally learn the necessary vocabulary and expressions that match their level.

With supplementary explanations concerning historical background, learners can understand the culture of the era as they read. In addition, students can assess and confirm their understanding with the included reading comprehension questions and translations faithful to the meaning of the original text. Recordings of the stories by professional voice actors also allow reading practice through the simultaneous use of learners' eyes and ears.

We hope that Darakwon Korean Readers series will provide learners with a more fruitful and interesting Korean language learning experience.

Darakwon Korean Readers
Kim Yu Mi, Lead Author

일러두기
How to Use This Book

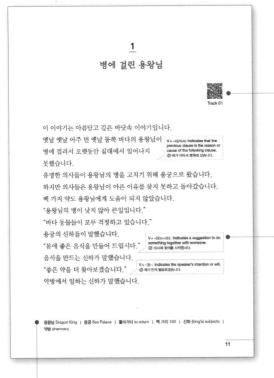

듣기 Listening

QR 코드를 통해 전문 성우가 녹음한 정확하고 생생한 작품 낭독을 들을 수 있습니다.

Using the corresponding QR codes, learners can access professional recordings of the story.

해설 Notes

학습자들이 내용을 이해하는 데 필요한 한국어 문법, 표현, 어휘, 속담, 문화적 배경 등을 알기 쉽게 설명해 주어 별도로 사전을 찾을 필요가 없도록 하였습니다.

Explanations on essential Korean grammar, expressions, vocabulary, proverbs, cultural background, etc. are provided to learners so aid understanding without the need to consult a separate dictionary.

어휘 설명 Vocabulary Explanation

각 권의 수준에 맞춰 본문에서 꼭 알아야 하는 필수 어휘를 영어 번역과 함께 제시하였습니다.

English translations are provided for the essential vocabulary matched to the level of each title.

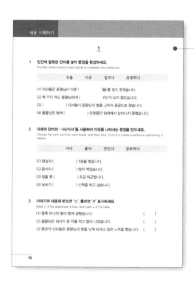

내용 이해하기 Reading Comprehension

다양한 문제를 통해 본문 내용 이해와 함께 해당 레벨에서 알아야 할 문형과 어휘를 다시 한번 확인할 수 있습니다.

Learners can check their understanding of the main text while also reviewing the essential sentence patterns and vocabulary for their level through various comprehension questions.

본문 번역 Text Translations

한국어 본문 내용을 정확히 이해할 수 있도록 의미 전달에 충실한 영어 번역을 수록하였습니다.

An English translation faithful to the original text is included to ensure an exact understanding of the original Korean story.

모범 답안 Answers

모범 답안과 비교하며 자신의 이해 정도를 스스로 평가하고 진단할 수 있습니다.

Learners can self-evaluate and assess their level of understanding by comparing their answers to the answer key.

작품 소개

토끼전

"토끼전"은 한글로 쓰인 조선 시대 소설입니다. 고구려의 설화 "귀토지설(龜 兔之說)"을 바탕으로 판소리 "수궁가"가 만들어졌고 그것이 한글로 정착한 것이 바로 "토끼전"입니다. 작자와 연대는 알려지지 않았으며 "토생원전(兔生員傳)", "별주부전(鱉主簿傳)"으로도 불립니다.

"토끼전"에는 조선 시대 다양한 계층에 대한 풍자가 담겨 있습니다. 소설의 주요 인물인 토끼, 자라, 용왕은 각각 서민 계층, 지배 계층, 왕을 나타냅니다. 지나친 욕심을 부리다가 죽을 뻔한 토끼, 임금의 명령에 무조건적인 충성심을 보이는 자라, 자신의 병을 고치기 위해 남의 생명을 가볍게 여기는 용왕의 모습을 통해 당시의 시대 상황을 짐작해 볼 수 있습니다. 사회의 문제점을 직접 비판하기보다는 동물의 이야기를 통해 재미있게 전달하고 있는 것입니다.

판본에 따라 내용이 조금씩 다르지만 "토끼전"은 보통 다음과 같이 진행됩니다. 토끼의 간을 먹으면 용왕의 병이 낫는다는 말을 들은 자라는 토끼를 속여 용궁으로 데려갑니다. 꼼짝없이 죽게 된 토끼는 위기에서 빠져나오기 위해 몇 가지 꾀를 냅니다. 과연 토끼는 성공적으로 탈출할 수 있을까요? 토끼가 탈출하면 자라와 용왕은 어떻게 될까요?

이 글을 읽으면서 만약 여러분이 토끼, 자라, 용왕이라면 어떻게 행동했을지 상상해 봅시다. 동물들의 이야기를 통해 "토끼전"이 전하고자 하는 교훈이 무엇인지 생각하며 읽는다면 내용을 더 깊이 이해할 수 있을 것입니다.

Introduction to the Story

The story of the rabbit

"The Story of the Rabbit" is a Joseon-era novel written in Hangeul. The pansori song "Sugunga (Sea Palace Song)" was created based on the Goguryeo folk tale "Gwi-To-ji-Seol (The Story of the Tortoise and the Hare)", and "The Story of the Rabbit" is the same narrative story expressed in written Hangeul. The author and year of publication are unknown, and the story is sometimes also referred to as "To-Saeng-Won-Jeon" or "Byeol-Ju-Bu-Jeon."

"The Story of the Rabbit" is a satirical story about the various social classes of the Joseon Dynasty. The main characters of the story, a rabbit, a turtle, and the Dragon King, represent the working class, the ruling class, and the king, respectively. We can infer the social situation of the Joseon Dynasty from the rabbit who almost dies of excessive greed, the turtle who shows unconditional loyalty to the king's orders, and the Dragon King who doesn't value the lives of others in his quest to cure his illness. Rather than directly criticizing societal problems, the story communicates them to the reader through these animal characters.

There are multiple versions of this story, each with slight differences in the content; however, "The Story of the Rabbit" usually proceeds as follows. The turtle, upon hearing that eating a rabbit's liver will cure the Dragon King's illness, tricks the rabbit and takes him to the palace. The rabbit, facing inevitable death, deploys some tricks of his own to escape the crisis. Will the rabbit be ultimately successful in his escape? What will happen to the turtle and the Dragon King if the rabbit escapes?

As you read the story, try to imagine what you would have done if you were the rabbit, the turtle, or the Dragon King. If you consider the lesson of "The Story of the Rabbit" as you read it, you will be able to understand the story even more deeply.

목차
Table of Contents

토끼전

The Story of the Rabbit

배경 어휘
Background Vocabulary

동물 Animals

토끼
rabbit

자라
turtle

잉어
carp

문어
octopus

오징어
squid

너구리
raccoon

장소 Background

바다
sea

산
mountain

육지(땅)
land

계곡
valley

숲
forest

연못
pond

1

병에 걸린 용왕님

Track 01

이 이야기는 아름답고 깊은 바닷속 이야기입니다.

옛날 옛날 아주 먼 옛날 동쪽 바다의 용왕님이
병에 걸려서 오랫동안 침대에서 일어나지
못했습니다.

> V + –아/어서: Indicates that the previous clause is the reason or cause of the following clause.
> Ex 배가 아파서 병원에 갔습니다.

유명한 의사들이 용왕님의 병을 고치기 위해 용궁으로 왔습니다.

하지만 의사들은 용왕님이 아픈 이유를 찾지 못하고 돌아갔습니다.

백 가지 약도 용왕님에게 도움이 되지 않았습니다.

"용왕님의 병이 낫지 않아 큰일입니다."

"바다 동물들이 모두 걱정하고 있습니다."

용궁의 신하들이 말했습니다.

"몸에 좋은 음식을 만들어 드립시다."

> V + –(으)ㅂ시다: Indicates a suggestion to do something together with someone.
> Ex 10시에 회의를 시작합시다.

음식을 만드는 신하가 말했습니다.

"좋은 약을 더 찾아보겠습니다."

> V + –겠–: Indicates the speaker's intention or will.
> Ex 제가 먼저 발표하겠습니다.

약방에서 일하는 신하가 말했습니다.

용왕님 Dragon King | **용궁** Sea Palace | **돌아가다** to return | **백 가지** 100 | **신하** (king's subjects) |
약방 pharmacy

이렇게 신하들이 노력했지만 용왕님의 병은 좋아지지 않았습니다.

어느 날 용궁의 신하들이 모두 모였습니다.

나이 많은 잉어가 말했습니다.

"저는 천 년 동안 용궁에 있었습니다. 옛날부터 어려운 일이 생겼을 때 하늘에 기도했습니다. 우리가 열심히 기도하면 용왕님의 병이 나을 겁니다."

"네, 좋습니다."

"저도 같은 생각입니다."

모두 똑같은 마음이었습니다.

용궁의 모든 신하들이 기도를 시작했습니다.

신하들의 기도 소리를 듣고 동해 바다의 다른 동물들도 함께 기도했습니다.

"제발 용왕님의 병이 낫게 저희 기도를 들어 주세요."

> V + -아/어 주세요: Indicates a request being made to someone else.
> 예) 창문 좀 열어 주세요.

좋아지다 to improve | 기도하다 to pray | 병이 낫다 to recover from illness

2

병을 고칠 수 있는 방법

Track 02

바다 동물들이 기도한 지 100일이 되는 날이었습니다.

큰 지팡이를 든 한 도사가 신하들의 기도 소리를

> V + -(으)ㄴ 지: Expresses
> how much time has
> passed since something
> occurred.
> Ex 한국어를 배운 지 3개월이
> 되었습니다.

듣고 찾아왔습니다.

용궁의 신하들은 도사에게 반갑게 인사했습니다.

도사가 말했습니다.

"여러분의 기도 소리를 듣고 이곳에 왔습니다.

> V + -아/어도 되다: Expresses
> permission to do a particular
> action.
> Ex 여기에 앉아도 돼요.

제가 용왕님의 몸을 좀 봐도 될까요?"

신하들은 도사를 용왕님의 침실로 안내했습니다.

도사는 방으로 들어가서 용왕님께 인사했습니다.

그리고 침대 옆 의자에 앉았습니다.

용왕님은 병 때문에 앞을 잘 볼 수 없었습니다.

하지만 이 도사가 보통이 아니라는 것은 바로 알 수 있었습니다.

> V + -(으)ㄹ 수 있다/없다: Expresses
> the presence or absence of ability
> or possibility.
> Ex 요즘 일이 많아서 여행을 갈 수 없어요.

지팡이 cane | **도사** ascetic | **반갑다** to be glad, to be pleased

용왕님은 작고 약한 목소리로 천천히 말했습니다.

"도사님, 어서 오세요. 어떻습니까? 제 병이 나을 수 있을까요?"

도사는 용왕님의 얼굴 여기저기를 보고 오랫동안 맥도 짚었습니다.

조금 뒤에 도사가 말했습니다.

> 맥을 짚다: To examine the pulse through the wrist to check one's health. It is used in Eastern (Korean) medicine for physical checkups.

"용왕님."

"네, 말해 보세요. 병을 고칠 수 있겠습니까?"

"용왕님의 병은 너무 깊어서 약으로 치료할 수 없습니다."

"아이고, 용왕님!"

신하들은 도사의 말을 듣고 눈물을 흘렸습니다.

"하지만 용왕님의 병을 치료할 수 있는 것이 딱 하나 있습니다."

도사의 말을 듣고 용왕님은 매우 놀랐습니다.

"네? 그것이 무엇입니까?"

"바로 토끼의 간입니다."

도사가 대답했습니다.

"토끼의 간이요? 토끼가 무엇입니까?"

용왕님이 계속 물었습니다.

"토끼는 땅에 사는 동물입니다. 달과 해의 힘이 만나면 고치기 힘든 병도 쉽게 낫습니다.

> **TIP!** According to the Eastern worldview, the two opposing forces of "eum" (darkness) and "yang" (brightness) created everything in the universe. Everything can thus be divided into opposites, such as the moon and the sun, winter and summer, north and south, etc.

약하다 to be weak | **병이 깊다** to have a severe illness | **눈물을 흘리다** to weep, to shed tears | **딱** only, just | **간** liver

용왕님이 사는 바다는 달의 힘이 강합니다.

그리고 토끼가 사는 산은 해의 힘이 강합니다.

그러니 용왕님이 토끼의 간을 드시면
달과 해의 힘으로 병이 나을 겁니다."

> V + -(으)ㄹ 겁니다: Indicates a supposition based on the speaker's experience.
> 예 이번 시험은 어려울 겁니다.

신하들은 눈물을 그치고 도사의 다음 말을 조용히 기다렸습니다.

"그런데 토끼는 매우 빠르고 똑똑한 동물입니다.

토끼의 간을 얻는 것은 쉽지 않을 겁니다."

용왕님은 웃으며 말했습니다.

"이곳의 신하들은 힘든 일을 이겨 내고 토끼의 간을 꼭
가져올 겁니다."

용왕님의 말을 듣고, 도사도 웃었습니다.

"네, 곧 나으실 겁니다."

도사는 마지막 말을 남기고 바람처럼 사라졌습니다.

> N + 처럼: Indicates that a particular appearance or action is the same or similar to the preceding noun.
> 예 동생은 가수처럼 노래를 잘해요.

강하다 to be strong | 눈물을 그치다 to stop weeping | 이겨 내다 to overcome, to win | 가져오다
to bring (back) | 곧 right away, soon | 말을 남기다 to leave a message / words | 사라지다 to vanish

3
신하들의 노력

Track 03

"토끼의 간만 있으면 용왕님의 병이 나을 수 있습니다!"

"정말 잘됐습니다."

신하들은 기쁜 목소리로 이야기를 나눴습니다.

그때 잉어가 말했습니다.

"자, 그럼 누가 토끼의 간을 가져오겠습니까?"

신하들은 이야기를 멈추고 서로 바라봤습니다.

물속 동물이 땅에 사는 동물을 잡아 오는 것은 매우 어려운

일이었습니다.

잉어가 다시 물었습니다.

"토끼의 간을 가져올 신하가 아무도 없습니까?"

신하들은 아무 말도 없었습니다.

그때였습니다.

"여러분, 걱정하지 마세요. 제가 가서 토끼를 잡아 오겠습니다."

누군가 힘 있는 목소리로 말했습니다.

> V + -아/어서: Indicates that the
> following action happens once the
> previous action has been achieved.
> 🖼 카페에 가서 이야기합시다.

기쁘다 to be happy, to be delighted | 멈추다 to stop | 잡아 오다 to capture (and return)

신하들은 깜짝 놀라서 소리가 난 곳을 봤습니다.

바로 힘이 세고 무서운 것이 없는 문어 장군이었습니다.

신하들은 박수를 치며 문어 장군을 칭찬했습니다.

"문어 장군은 반드시 토끼를 잡아 올 수 있을 겁니다."

"이 일을 문어 장군보다 잘할 신하는 없습니다."

그때였습니다.

"안 됩니다."

낮고 조용한 목소리가 들렸습니다.

가는 입, 느린 발, 부드러운 등.

누구일까요?

바로 올해 만 살이 된 자라였습니다.

용궁에서 자라의 능력을 모르는 동물이 없었습니다.

"문어 장군, 장군은 토끼를 잡아올 수 없습니다."

"뭐라고요? 왜 그렇게 생각합니까?"

문어 장군이 자라에게 물었습니다.

문어 장군은 자라가 자신의 능력을 모르는 것 같아서

조금 화가 났습니다.

> V + -(으)며: Indicates that two or more actions are done at the same time.
> (Syn) -(으)면서
> (Ex) 아침에 음악을 들으면서 운동을 합니다.

> N + 보다: Indicates that the preceding noun is the standard of comparison.
> (Ex) 비행기가 기차보다 빠릅니다.

> V/A + -(으)ㄴ/는/(으)ㄹ 것 같다: Indicates the speaker's supposition about something.
> (Ex) 컴퓨터가 고장 난 것 같아요.

힘이 세다 to be strong | 장군 admiral, general | 칭찬하다 to praise | 반드시 definitely

"문어 장군은 토끼를 본 적이 있습니까?"

자라가 묻자, 문어 장군의 얼굴이

빨갛게 변했습니다.

V + -(으)ㄴ 적이 있다/없다:
Indicates that the subject has
or has not had a particular
experience in the past.
저는 한국에 가 본 적이 있습니다.

"아, 아니요. 본 적이 없습니다."

"장군은 물 밖에 나가 본 적이 있습니까?"

"아니요, 없습니다."

"물 밖으로 나가지 않은 이유가 무엇입니까?"

자라가 계속 물었습니다.

"물 밖에서는 숨을 쉴 수가 없습니다."

문어 장군이 대답했습니다.

자라가 웃으며 말했습니다.

"저는 물 밖에서도 숨을 쉴 수 있습니다. 제 집은 물속이지만 가끔
물 밖으로 여행을 갑니다."

"그게 정말입니까?"

문어가 물었습니다.

"네, 물 밖으로 여행 갔을 때 토끼를 본 적이 있습니다. 그리고
토끼의 얼굴을 기억하고 있습니다. 그러니 제가 가겠습니다."

"그렇다면 한번 토끼의 모습을 설명해 보세요."

문어는 자라의 말을 믿을 수 없어서 이렇게 말했습니다.

빨갛다 to be red | 변하다 to change | 나가다 to go (outside) | 숨을 쉬다 to breathe | 가끔
sometimes, occasionally (Syn) 종종 | 기억하다 to remember | 모습 shape, appearance | 믿다 to
believe

문어의 말을 듣고 자라는 그림 그리는 일을 하는 오징어에게
말했습니다.

"제가 설명하는 것을 잘 듣고 토끼의 모습을 그려 주세요."
자라가 설명을 시작했습니다.

"토끼의 눈은 진주처럼 생겼고 머리 위에 긴 귀가 있습니다. 쉬지
않고 움직이는 코는 눈과 입 사이에 있고, 코와 입 사이에는 가늘고
긴 수염이 있습니다. 큰 앞니가 두 개 있고 몸 전체에 하얀 털이
있습니다. 뒷다리가 앞다리보다 더 길고, 꼬리는 짧습니다."
오징어는 자라의 설명을 듣고 열심히 그림을 그렸습니다.
오징어가 그린 그림을 본 자라는 웃으면서 그 그림을 신하들에게
보여 주었습니다.

진주 pearl | 움직이다 to move | 수염 beard | 앞니 front teeth | 전체 whole | 털 fur, hair |
꼬리 tail

"모습이 정말 새롭고 이상합니다."

"이런 동물은 처음 봅니다."

신하들은 그림을 보면서 말했습니다.

자라가 말했습니다.

"여러분, 이제 제 말을 믿으십니까?"

이제 반대하는 신하는 아무도 없었습니다.

음식 만드는 일을 하는 신하가 말했습니다.

"자라님, 맛있는 음식을 준비하겠습니다.

땅에 가기 전에 많이 먹고 가세요."

하지만 자라는 마음이 급했습니다.

"시간이 없으니 빨리 떠나겠습니다."

> V + -기 전에: Indicates that the following action happens before the preceding action.
> **Ex** 이 약을 자기 전에 드세요.

> V/A + -(으)니: Indicates that the preceding clause is the reason, cause, or the basis for judgment of the following clause. **Syn** -(으)니까
> **Ex** 오늘은 바쁘니(까) 내일 만납시다.

자라는 집으로 가서 부모님과 아내, 아이들에게 인사를 했습니다.

그리고 서둘러 떠날 준비를 했습니다.

준비를 마친 자라는 용왕님이 계신 곳으로 갔습니다.

"용왕님, 걱정하지 마세요. 반드시 토끼를 잡아 오겠습니다."

"고맙습니다. 자라의 마음은 잊지 않겠습니다.

토끼를 잡아오면 높은 벼슬과 큰 상을 주겠습니다."

용왕님이 자라에게 약속했습니다.

자라는 절을 하고 용왕님 방에서 나왔습니다.

새롭다 to be new, to be novel | 이상하다 to be unusual, to be strange | 반대하다 to oppose | 급하다 to be urgent | 서두르다 to hurry | 마치다 to finish | 계시다 to be (honorific of 있다) | 벼슬 government post | 상 prize

모든 동물들이 용궁 입구에서 자라를 기다리고 있었습니다.

자라가 작지만 강한 목소리로 말했습니다.

V + –고 있다: Indicates that an action is in progress.
예 동생은 지금 TV를 보고 있어요.

"이제 저는 가겠습니다. 용왕님을 잘 부탁합니다."

자라는 모두에게 인사한 후 토끼가 사는 곳으로 출발했습니다.

'내가 잘할 수 있을까?'

V + –(으)ㄴ 후(에): Indicates that the previous action happens first before the following action.
예 밥을 먹은 후 이를 꼭 닦으세요.

자라는 걱정되고 긴장되었지만

힘을 내어서 계속 앞으로 갔습니다.

"제발 아무 일 없이 돌아오세요."

"토끼를 꼭 잡아 오세요."

떠나는 자라에게 신하들과 친구들, 가족들

모두 인사했습니다.

그리고 자라가 보이지 않을 때까지

손을 흔들었습니다.

N + 까지: Indicates the end point of a particular time period or physical space.
예 수업이 끝날 때까지 기다리세요.

긴장되다 to be nervous | 손을 흔들다 to wave one's hand

4

토끼를 만난 자라

Track 04

드디어 자라는 땅에 도착했습니다.

며칠 동안 쉬지 못해서 다리도 아프고 힘들었습니다.

그러나 조금도 쉬지 않고 건너편 숲으로 갔습니다.

숲에는 좋은 냄새가 났고 여기저기 아름다운 꽃들이 피어

있었습니다. 계곡에서는 새들의 노랫소리가 들렸고 나비들이 춤을

추는 것처럼 날고 있었습니다.

그런데 자라는 이렇게 아름다운 풍경을 구경할 수 없었습니다.

자라는 빨리 토끼를 찾고 싶은 생각밖에 없었습니다.

자라는 오랫동안 숲속에서 토끼를 찾기 위해

노력했습니다.

> V + -고 싶다: Indicates the
> speaker's hope.
> 📗 방학 때 여행을 가고 싶어요.

숲에는 다람쥐, 사슴, 곰, 호랑이, 여우 등 땅에 사는 여러 동물이

있었습니다.

하지만 토끼는 찾을 수 없었습니다.

시간이 흘러 점심시간이 되었습니다.

드디어 at last | 건너편 across, other side | 피다 to bloom | 풍경 scenery | 다람쥐 squirrel | 사슴
deer | 곰 bear | 호랑이 tiger | 여우 fox

자라는 잠시 쉬려고 옆에 있는 큰 돌 위에 앉았습니다.

그런데 그때 키가 큰 나무 앞으로 하얀색의

어떤 것이 빠르게 지나갔습니다.

> V + –(으)려고 (하다): Indicates the intention or purpose of the action in the following clause.
> ⓔ 아내에게 주려고 꽃을 샀어요.
> 휴가 때 여행을 가려고 해요.

'혹시?'

자라는 서둘러 그곳으로 가 봤습니다.

긴 귀, 짧은 꼬리, 튼튼한 뒷다리, 가늘고 긴 수염!

맞습니다. 바로 토끼였습니다.

토끼는 숲에서 재미있게 논 후 연못으로 갔습니다.

자라는 아무 소리도 내지 않고 토끼가 가는 곳으로 갔습니다.

그런데 토끼는 물을 마시지 않고, 물 속에 보이는 자신의 모습을

오랫동안 바라봤습니다. 그리고 갑자기 노래를 불렀습니다.

> "세상에 토끼보다 귀여운 동물은 없어요.
>
> 세상에 토끼보다 똑똑한 동물은 없어요.
>
> 세상에 토끼보다 인기 많은 동물은 없어요.
>
> 그 토끼가 바로 나예요."

토끼는 스스로 자랑하는 것을 좋아하는 동물이었습니다.

자라는 그 모습을 보고 마음이 편했습니다.

토끼의 성격을 이용하면 쉽게 용궁으로 데려갈 수 있을 것

같았습니다.

지나가다 to pass by | 튼튼하다 to be strong, to be sturdy | 바라보다 to look, to stare (at) | 갑자기 suddenly | 자랑하다 to boast | 편안하다 to be calm, to be peaceful | 데려가다 to take (somebody) to

자라는 토끼에게 가서 인사했습니다.

"안녕하십니까?"

토끼가 노래를 멈추고 소리 나는 쪽을 봤습니다.

그곳에는 처음 보는 동물이 있었습니다.

키가 작고 모습이 이상했습니다.

토끼는 대답하지 않았습니다.

자라는 계속해서 말했습니다.

"당신은 누구십니까?

이렇게 멋있는 동물은 처음 봅니다."

토끼는 그 말을 듣고 어깨를 펴며 말했습니다.

> 어깨를 펴다: indicates the straightening up of one's posture in a show of confidence.

"나는 토끼입니다. 내 친구들은 나를 토끼 선생님이라고 부릅니다.
하하하."

자라가 놀란 목소리로 말했습니다.

"정말입니까? 당신이 그 유명한 토끼 선생님입니까?

이렇게 만날 수 있어서 정말 기쁩니다."

> **TIP!** While the word 선생님 is commonly used to refer to someone who teaches students, here it is used like a title to show reverence.

자라의 말을 들은 토끼는 기분이 좋았습니다.

"그런데 당신은 누구십니까?"

토끼는 처음 보는 이 동물의 이름이 궁금해서 물었습니다.

계속하다 to continue | **당신** you (polite) | **궁금하다** to be curious

"저는 자라입니다. 선생님을 만나는 것이 제 꿈이었습니다."

토끼는 기분이 좋아서 웃음이 나왔습니다.

하지만 웃음을 참으며 물었습니다.

"그런데 저는 당신을 처음 봅니다. 당신은 어디에서 왔습니까?"

"저는 용궁에서 왔습니다."

자라가 대답했습니다.

"용궁이요? 궁에서 일합니까?"

토끼는 조금 놀라서 물었습니다.

"네, 그렇습니다."

자라가 웃으며 대답했습니다.

토끼는 자라의 말을 믿을 수 없었습니다.

그래서 아는 것처럼 말했습니다.

"저도 궁은 잘 압니다. 하지만 용궁은 처음 듣습니다. 용궁이 어디에 있습니까?"

"용궁은 바다에 있는 궁입니다. 저는 바다에서 왔습니다. 땅에는 잠시 여행하러 왔습니다."

자라가 친절하게 대답했습니다.

> V+ -(으)러: Indicates that the action in the preceding clause is the purpose of the following action.
> 예) 책을 빌리러 도서관에 가요.

토끼가 다시 물었습니다.

"바다요? 그런데 바다에 사는 동물이 저를 어떻게 압니까?"

"토끼 선생님이 똑똑한 것은 바다 동물들도 다 압니다. 바다의 왕, 용왕님도 토끼 선생님을 꼭 만나고 싶어 하십니다."

자라가 대답했습니다.

> V+ -고 싶다 is used when the subject is "I," but -고 싶어 하다 is used when the subject is someone other than "I."

웃음이 나오다 to let out a slight laugh | **참다** to endure, to bear | **궁** palace | **친절하다** to be courteous, to be kind

토끼는 너무 놀라서 자기도 모르게 큰 소리로 물었습니다.

"용왕님이요?"

"네, 그렇습니다."

토끼는 자라의 말을 믿는 것 같았습니다.

"토끼 선생님은 바다에 가 본 적이 있습니까?"

"아, 아니요. 제가 아주 바빠서 아직 가 보지 못했습니다."

토끼는 바쁘지 않았지만 바쁜 것처럼 이야기했습니다.

"훌륭한 토끼 선생님이 아직도 바다 구경을 못 하셨습니까?"

자라는 방금 생각이 난 것처럼 말했습니다.

"아, 저는 지금 땅 여행을 하고 있지만, 토끼 선생님이 원하시면 바로
용궁으로 함께 갈 수 있습니다.

어떻습니까? 토끼 선생님, 바다 구경도 하고 용왕님도 만나러
용궁으로 가시겠습니까?"

토끼는 자라의 말이 듣기 좋았지만 조금 이상한 느낌이 들었습니다.

그래서 대답을 할 수 없었습니다.

자라는 토끼가 믿지 못하는 것을 알고 서둘러 말했습니다.

놀라다 to be surprised | **아직** still, (not) yet | **훌륭하다** to be magnificent | **방금** just now | **원하다**
to desire, to want | **함께** together | **느낌이 들다** to feel (something)

"용왕님은 훌륭한 동물들을 뽑아서 용궁으로 초대합니다. 그리고
높은 벼슬을 주십니다. 토끼 선생님은 땅에서 가장 똑똑한
동물입니다. 그러니 토끼 선생님이 용궁에 가시면 용왕님이 매우
기뻐하실 것입니다."

그러나 토끼는 자라의 말이 계속 이상했고 바다에 가는 일도
무서워서 이렇게 말했습니다.

"저도 용왕님을 만나고 싶고 바닷속 구경도 하고 싶습니다.
하지만 이곳을 보세요. 푸른 산과 하늘, 예쁜 꽃, 하얀 구름과 빨간
해! 저는 아름다운 이곳을 떠날 수 없습니다."

자라가 말했습니다.

"하지만 토끼 선생님은 여기가 무섭지 않습니까?"

토끼가 궁금해서 물었습니다.

"이곳이 왜 무섭습니까?"

자라가 대답했습니다.

"땅에는 힘이 센 동물 때문에 약한 동물들은 살기 어렵고,
겨울에는 먹을 것이 없어서 힘듭니다. 그래서 저는 여기가
무섭습니다."

토끼는 독수리와 호랑이가 너무 무서웠습니다.
작년 겨울에는 먹을 것이 없어서 배가 고파 죽는 줄 알았습니다.

뽑다 to choose | 초대하다 to invite | 푸르다 to be green, to be blue | 독수리 eagle

자라가 계속 말했습니다.

"그런데 용궁에는 추운 겨울이 없습니다. 항상 먹을 것이 있기 때문에 용궁의 동물들은 배고픈 것을 모릅니다."

"그게 정말입니까?"

토끼가 물었습니다.

"네, 그리고 용궁에서는 동물들이 서로 잡아먹지 않습니다. 모두 토끼 선생님의 친구입니다."

토끼는 용궁처럼 살기 좋은 곳은 없을 것 같았습니다.

토끼의 마음이 변하는 것을 알고 자라가 계속 말했습니다.

"용궁에 가면 용왕님은 훌륭한 토끼 선생님에게 높은 벼슬을 주실 겁니다."

> V/A + -(으)ㄹ까요:
> Expresses thoughts in speculation of a future event, or a request for someone's opinion.
> 🔒 크리스마스에 눈이 올까요?

"정말 용왕님이 저에게 높은 벼슬을 주실까요?"

"그럼요. 이렇게 자랑할 것이 없는 저도 벼슬을 하고 있습니다. 토끼 선생님은 저보다 훨씬 높은 벼슬을 하실 겁니다."

자라는 계속 말했습니다.

"저를 믿으세요. 백 번 듣는 것보다 한 번 직접 보는 것이 낫습니다. 제 등 위에 앉으면 편하게 갈 수 있습니다."

> 백 번 듣는 것보다 한 번 보는 것이 낫다: This expression is from a proverb meaning that direct experience is better than hearing about something multiple times.

벼슬을 하다 to do a government job | 훨씬 much, a lot | 직접 directly

토끼는 이렇게 생각했습니다.

용궁에 가면 배부르게 먹을 수 있습니다.

용궁에 가면 힘 센 동물을 피하지 않아도 됩니다.

용궁에 가면 높은 벼슬을 할 수 있습니다.

토끼는 결정했습니다.

"자라님, 갑시다. 용궁으로!"

그때였습니다.

갑자기 연못 옆에서 너구리가 나와 토끼에게 말했습니다.

"가지 마! 자라의 말은 다 거짓말이야!"

너구리는 토끼의 친구였습니다.

"거짓말?"

토끼가 놀라서 자라를 봤습니다.

> V/A + –지 않아도 되다: Indicates that a
> particular action or state of affairs is
> not necessary.
> (Syn) 안 + V/A + –아/어도 되다
> (Ex) 내일은 주말이니까 일찍 일어나지 않아도
> 돼요.

> Plain Speech: Intimate expressions used
> mainly between friends, in senior-to-junior
> relationships, and by parents to their children.
> Verbs are usually used in the 아/어 form.
> (Ex) 가지 마세요! → 가지 마!
> 거짓말입니다! → 거짓말이야.

결정하다 to decide　|　**거짓말** lie

자라는 갑자기 나타난 너구리에게 화가 났습니다.

너구리는 계속 토끼에게 말했습니다.

"높은 벼슬과 음식을 가지려 하지 마.

땅에 사는 동물이 어떻게 바다에서 벼슬을 해?

땅에서 사는 것이 어렵고 힘들지만 여기서 같이 살자."

토끼는 너구리의 말이 맞는 것 같아 다시 자라를 믿을 수가

없었습니다.

토끼의 마음이 다시 변하는 것을 알고 자라가 너구리에게

화를 내며 말했습니다.

"당신은 토끼 선생님의 친구가 맞습니까? 정말 친한 친구는

좋은 일이 있으면 축하를 해 줍니다. 그런데 지금 당신은 토끼를

부러워하고 있습니다. 당신은 토끼 선생님의 친구가 아닙니다.

위험한 땅에서 토끼 선생님이 힘들게 사는 것이 좋습니까?"

친하다 to be intimate, to be close | 위험하다 to be dangerous

그리고 토끼에게도 말했습니다.

"저는 토끼 선생님을 생각해서 한 말이었습니다. 하지만 토끼
선생님은 저를 믿지 않는 것 같습니다. 갈 마음이 없으면 안 가도
됩니다. 저는 혼자 용궁으로 가겠습니다. 건강하게 잘 사세요.
만나서 반가웠습니다."

자라는 토끼에게 인사를 하고 바다 쪽으로 움직였습니다.

그때 토끼가 급하게 말했습니다.

"자, 자라님! 잠깐만요!"

토끼가 부르는 소리를 듣고 자라는 무척 기뻤습니다.

하지만 아무렇지 않은 얼굴로 토끼를 보았습니다.

토끼가 말했습니다.

"나쁘게 생각하지 마세요. 저는 자라님을 믿습니다. 처음부터
믿었습니다. 자라님, 같이 갑시다."

자라는 기뻤지만 낮은 목소리로 말했습니다.

"그렇습니까? 그럼 토끼 선생님, 어서 갑시다. 용왕님께서 기다리고
계실 겁니다."

너구리가 큰 소리로 말습니다.

"안 돼. 가지 마. 그곳에 가면 반드시 나쁜 일이 생길 거야!"

아무렇지 않다 to be unconcerned | **어서** quickly

토끼가 너구리에게 말했습니다.

"내 걱정은 하지 마. 내가 벼슬을 하면 용궁으로 초대할게."

그리고 자라와 함께 바다가 있는 쪽으로 갔습니다.

너구리는 토끼를 걱정하며 자라와 토끼를 바라봤습니다.

잠시 후 토끼와 자라는 바닷가에 도착했습니다.

"토끼 선생님, 이건 물속에서

숨 쉴 수 있는 약입니다.

이걸 드시고 제 등에 타세요."

> V + -(으)세요: Expresses the speaker's polite order,
> direction, request, or demand the listener to do something.
> ⓔ 할머니, 여기에 앉으세요.

토끼는 자라 등 위에 올라갔습니다.

토끼가 자신의 등 위에 있는 것을 보고 자라는 천천히 물속으로

들어갔습니다.

자라는 생각했습니다.

'용왕님, 조금만 더 기다려 주세요. 곧 가겠습니다.'

마침내 자라는 토끼와 함께 용궁으로 출발했습니다.

바닷가 beach | **올라가다** to go on (top of) | **천천히** slowly

5
용궁으로 간 토끼

Track 05

토끼는 행복했습니다.

무서운 동물이 없는 곳. 먹을 것이 많은 곳. 높은 벼슬이 있는 곳.

용궁에서는 좋은 일만 있을 것 같았습니다.

바다 구경도 재미있었습니다.

용궁으로 가면서 자라와 토끼는 크고 작은 여러 동물들을

만났습니다.

바다 동물들은 모두 자라에게 친절하게 인사했습니다.

그 모습을 본 토끼는 자라를 더욱 믿었습니다.

하지만 바다 동물들이 토끼를 보는 눈은 전혀 따뜻하지 않았습니다.

토끼는 똑똑했지만 이상하다고 생각하지 못했습니다.

토끼는 앞으로 일어날 행복한 일만 생각했기 때문입니다.

며칠이 지났습니다.

자라가 말했습니다.

> V/A + -기 때문이다: Indicates that
> the previous clause is the reason or
> cause of the following clause.
> cf. Within a sentence, the form -기
> 때문에 is used.
> Ex 가: 왜 한국에 가려고 합니까?
> 나: 한국 문화를 좋아하기 때문입니다.

"토끼 선생님! 저기가 바로 용궁입니다."

"아! 정말 아름답습니다!"

용궁의 크고 아름다운 모습을 보고 토끼는 매우 즐거웠습니다.

전혀 (not) at all

드디어 자라와 토끼는 용궁에 도착했습니다.

자라는 용궁 입구에 토끼를 내려 주고 말했습니다.

"여기에서 잠깐만 기다리세요. 제가 먼저 용왕님을 만나고
오겠습니다."

토끼는 갑자기 조금 무서운 느낌이 들어서 자라에게 말했습니다.

"저도 같이 갑시다."

하지만 자라는 대답하지 않고 혼자 용궁 쪽으로 갔습니다.

"자라님, 빨리요! 빨리 오세요."

토끼는 자라의 뒷모습을 보고 큰 소리로 말했습니다.

그런데 이게 무슨 일일까요?

갑자기 병사들이 달려와서 토끼를 줄로 묶었습니다.

토끼가 놀라서 말했습니다.

> N + (으)로: Indicates a method, tool, or material(s) used to do something.
> 예 가위로 종이를 자릅니다.

"왜 나를 묶습니까? 나는 자라님의 친구 토끼입니다.

나는 용왕님을 만나러 왔습니다.

용왕님이 오늘 나에게 벼슬을 주실 겁니다."

"친구? 벼슬?"

병사들이 웃으며 말했습니다.

입구 entrance | 내려 주다 to let someone off or disembark | 병사 soldier | 줄 rope | 묶다 to tie (up)

그 모습을 보고 토끼는 알게 되었습니다.

자라의 말을 믿은 것은 실수였습니다.

사는 곳을 떠난 것은 실수였습니다.

잘 모르는 바닷속까지 온 것은 실수였습니다.

토끼는 몸에 힘이 없었습니다.

그리고 눈물이 날 것 같았습니다.

병사들은 토끼를 용왕님 앞으로 데리고 갔습니다.

토끼는 용왕님 앞에 무릎을 꿇었습니다.

무릎을 꿇다: Indicates the surrender or submission to power or authority.

용왕님은 화려한 의자에 앉아 토끼를 바라보고 있었습니다.

그리고 용왕님 옆에 용궁 신하들이 서 있었습니다.

그곳에 자라도 있었습니다.

토끼는 자라가 무슨 생각을 하는지 전혀 알 수 없었습니다.

용왕님이 말했습니다.

"어서 오세요. 바다 여행은 재미있었습니까?"

"네? 네, 용왕님."

토끼는 바닥을 보면서 매우 작은 목소리로 말했습니다.

'왜 저를 여기에 데리고 왔습니까?'

실수 mistake | 눈물이 나다 to shed tears | 무릎을 꿇다 to get on one's knees | 화려하다 to be brilliant | 바닥 floor

토끼는 묻고 싶었지만 무서워서 아무 말도 못 했습니다.

앞으로 무슨 일이 생길까요?

용왕님이 어떤 말을 할까요?

왜 줄로 묶었을까요?

토끼는 아무것도 알 수 없었습니다.

오랫동안 용왕님은 아무 말도 하지 않았습니다.

신하들도 조용히 용왕님의 말을 기다렸습니다.

드디어 용왕님이 말을 시작했습니다.

"내가 병에 걸렸습니다. 그런데 고칠 수 있는 약이 없습니다."

용왕님이 계속 말했습니다.

"그런데 내 병을 치료할 수 있는 것이 하나 있습니다."

토끼는 다음 말을 듣기가 너무 무서웠습니다.

"바로 토끼의 간입니다."

"네?"

조용하다 to be quiet

용왕님의 말을 듣고 토끼는 머리가 빙글빙글 도는 것 같았습니다.
용왕님이 다시 말했습니다.
"내 병을 치료할 수 있는 것은 토끼의 간밖에 없습니다."
토끼는 너무 놀라서 얼굴이 하얗게 변했습니다.
"제, 제 간이요?"
'그럼, 저는 죽는 것입니까?'
토끼는 묻고 싶었지만 너무 무서워서 목소리가 나오지 않았습니다.
용왕님이 말했습니다.
"너무 슬퍼하지 마세요. 당신의 간으로 용왕의 병을 치료할 수
있습니다. 의미 있는 죽음이 될 것입니다. 우리 바다 동물들 모두
감사하게 생각할 것입니다."
용왕님은 토끼에게 말한 후 병사들이 있는 쪽을 봤습니다.
그곳에서는 병사들이 큰 칼과 토끼의 간을 담을 그릇을 준비하고
있었습니다.
토끼는 눈을 감고 생각했습니다.

빙글빙글 around and around | 돌다 to spin, to rotate | 하얗다 to be white | 슬퍼하다 to be sad |
의미 있다 to be meaningful | 칼 knife | 담다 to put (into) | 그릇 bowl | 눈을 감다 to close one's eyes

'여기에서 죽을 수 없습니다.

나는 호랑이가 있고 음식이 없는 겨울에도 잘 살았습니다.

나는 똑똑하니까 생각을 하면 됩니다.

생각, 생각.'

토끼는 눈을 뜨고 천천히 말했습니다.

"용왕님, 정말 제 간으로 용왕님의 병을 고칠 수 있습니까?"

"네, 훌륭한 도사가 그렇게 말했습니다."

"잘됐습니다. 용왕님은 넓은 바다의 왕이시고, 저는 산에 사는 작은

동물입니다. 용왕님께 제 간을 백 번도, 천 번도 드릴 수 있습니다."

토끼가 자라를 보면서 다시 말했습니다.

> 백 번 and 천 번 do not refer to actual numbers, but rather 여러 번 거듭 (many times).

"자라님, 왜 말하지 않았습니까?

미리 사실을 말했으면 간을 가지고 왔을 겁니다.

지금 제 간은 여기에 없습니다. 숲에 있습니다."

"뭐라고? 하하하."

토끼의 말을 듣고 신하들은 모두 웃었습니다.

토끼는 손에 땀이 났습니다.

> 손에 땀이 나다: Indicates being extremely nervous.

눈을 뜨다 to open one's eyes | 잘되다 to turn out well | 넓다 to be wide | 미리 in advance | 사실 truth, fact | 땀이 나다 to sweat

자라가 용왕님을 보면서 말했습니다.

"용왕님, 거짓말입니다. 세상에 간을 넣고 뺄 수 있는 동물은
없습니다."

그리고 토끼에게 말했습니다.

"살고 싶은 마음은 이해합니다. 하지만 우리는 그런 거짓말을 믿지
않습니다."

토끼가 조용히 말했습니다.

"용왕님, 많은 동물들이 제 간이 건강에 좋은 것을 알고 서로
가지려고 합니다. 저는 힘이 약한 동물이라서 몸 안에 간이 있으면
위험합니다. 그래서 저만 아는 곳에 간을 두고 다닙니다."

자라가 화가 나서 큰 소리로 말했습니다.

"거짓말하지 마세요."

그리고 병사들에게 말했습니다.

"토끼의 간을 꺼낼 준비가 됐습니까?"

토끼는 놀랐지만 놀라지 않은 것처럼 말했습니다.

"거짓말이 아닙니다. 제 몸에는 간을 넣고 빼는 곳이 있습니다.
여러분, 여기 와서 보세요."

토끼는 신하들에게 자신의 배꼽을 보여 줬습니다.

신하들이 깜짝 놀라서 말했습니다.

"있습니다! 진짜 있습니다!"

넣다 to put (into) | **빼다** to take (out), to remove | **배꼽** belly button

용왕님은 잠시 고민했습니다.

그때 갑자기 토끼가 눈물을 흘렸습니다.

용왕님은 토끼에게 우는 이유를 물었습니다.

토끼가 말했습니다.

"용왕님이 신하들의 말만 믿고 제 배를 열까 봐 걱정입니다.

제가 죽는 것은 괜찮습니다. 하지만 지금 제 몸에는 간이 없습니다.

제가 죽고 난 후에는 간이 어디에 있는지 알 수 없습니다.

그럼 끝까지 용왕님의 병을 고칠 수 없습니다.

그게 마음이 아파서 웁니다."

용왕님은 토끼의 착한 마음을 알고 자라에게 말했습니다.

"토끼와 함께 땅에 다녀오세요. 그리고 토끼의 간을 가져오세요."

용왕님의 말을 들은 토끼는 신이 나서 춤을 추고 싶었습니다,

하지만 참았습니다.

자라가 용왕님의 말씀을 듣고 대답했습니다.

"그럼 서둘러 다녀오겠습니다."

자라는 용왕님 앞에서 절을 한 후 토끼와 함께 다시 땅으로
출발했습니다.

고민하다 to worry, to think (about) | **신이 나다** to be exciting

6
토끼의 간

Track 06

토끼와 자라는 땅에 도착했습니다.

토끼는 자라 등에서 빠르게 내려왔습니다.

자라가 토끼에게 말했습니다.

"토끼 선생님, 간은 어디에 있습니까? 시간이 없습니다.

빨리 간을 찾으러 갑시다."

토끼는 대답하지 않고 깡충깡충 뛰어갔습니다.

"토끼 선생님, 같이 갑시다! 조금만 기다려 주세요!"

토끼가 자라를 보며 말했습니다.

"세상에 간을 넣고 빼는 동물이 어디에 있습니까?"

"네? 그게 무슨 말입니까?"

"용왕님은 가지고 싶은 것도 참 많습니다.

용왕님이 죽고 싶지 않으면 다른 동물도 죽고 싶지 않은 것을

왜 모릅니까?"

깡충깡충 mimetic word for a jumping or hopping noise

토끼는 계속 말했습니다.

"나는 당신을 믿었습니다.

하지만 당신은 처음부터 나에게 거짓말을 했습니다."

"미안합니다. 하지만 저는 용왕님의 병을 꼭 고치고 싶습니다.

저와 같이 다시 용궁으로 갑시다."

"저는 용궁에 가면 죽는데 왜 가겠습니까?"

토끼는 웃으면서 숲으로 뛰어갔습니다.

"토끼 선생님! 토끼 선생님!"

자라는 너무 느려서 토끼를 잡을 수 없었습니다.

하지만 끝까지 토끼를 찾으러 숲으로 들어갔습니다.

자라는 오랫동안 숲을 돌아다녔습니다.

그리고 어느 큰 돌 위에 앉았습니다.

너무 오랫동안 돌아다녀서 다리가 아팠습니다.

자라는 엉엉 울었습니다.

엉엉 (cry) loudly

"아이고, 용왕님. 죄송합니다. 제가 능력이 없어서 토끼를 잡지
못했습니다. 이제 용왕님의 병을 어떻게 합니까?"

그리고 하늘을 보며 말했습니다.

"저는 용궁으로 갈 수 없습니다. 약속을 지키지 못했으니 죽는 게
낫습니다."

자라는 높은 돌 위에서 눈을 감았습니다.

그때였습니다.

"자라님, 멈추세요."

누군가 말했습니다.

자라가 눈을 떴을 때 흰옷을 입은 사람이 서 있었습니다.

길고 흰 수염이 발까지 내려왔습니다.

"누, 누구십니까?"

자라가 놀란 표정으로 물었습니다.

"나는 신선입니다."

자라가 슬픈 얼굴로 물었습니다.

"신선님, 제 잘못 때문에 오셨습니까?"

신선이 따뜻한 얼굴로 말했습니다.

"나는 하늘에서 자라의 모든 모습을 보았고 자라의 착한 마음을
느꼈습니다. 그래서 선물을 주러 왔습니다."

약속을 지키다 to keep a promise ｜ **신선** (Taoist) hermit ｜ **잘못** mistake, error ｜ **선물** gift, present

신선이 자라에게 알약 하나를 줬습니다.

"이걸 가지고 가세요. 세상의 모든 병을 치료하는 약입니다.

이 약을 먹으면 용왕님의 병이 깨끗이 나을 겁니다."

자라는 기뻐서 눈물을 흘렸습니다.

> 병이 깨끗이 낫다 means that the disease is completely cured with no remaining effects

"신선님, 감사합니다. 감사합니다."

자라가 절을 하고 일어났을 때 신선은 구름 속으로 들어가서 볼 수 없었습니다.

자라는 서둘러 용궁으로 출발했습니다.

해가 지는 바다는 아름다웠습니다.

바다는 자라의 작은 몸을 따뜻하게 안아 주었습니다.

알약 pill | **치료하다** to treat, to cure | **해가 지다** the sun sets | **안다** to embrace

부록
Appendix

1

1 빈칸에 알맞은 단어를 넣어 문장을 완성하세요.

Put the correct word in each blank to complete the sentences.

도움	이유	걸리다	유명하다

(1) 의사들은 용왕님이 아픈 (　　　　　　)을/를 찾지 못했습니다.

(2) 백 가지 약도 용왕님에게 (　　　　　　)이/가 되지 않았습니다.

(3) (　　　　　　) 의사들이 용왕님의 병을 고치러 용궁으로 왔습니다.

(4) 용왕님은 병에 (　　　　　) 오랫동안 침대에서 일어나지 못했습니다.

2 아래의 단어와 '-아/어서'를 사용하여 이유를 나타내는 문장을 만드세요.

Choose the best word for each blank, and then add -아/어서 to create a sentence expressing a reason.

자다	좋다	맛있다	공부하다

(1) 열심히 (　　　　　) 1등을 했습니다.

(2) 음식이 (　　　　) 많이 먹었습니다.

(3) 잠을 못 (　　　　) 조금 피곤합니다.

(4) 날씨가 (　　　　) 산책을 하고 싶습니다.

3 이야기의 내용과 맞으면 'O', 틀리면 'X' 표시하세요.

Mark O if the statement is true, and mark × if it is false.

(1) 동쪽 바다의 왕이 병에 걸렸습니다.　　　　　　　　(　　　)

(2) 용왕님은 의사가 준 약을 먹고 병이 나았습니다.　　　(　　　)

(3) 용궁의 신하들은 용왕님의 병을 낫게 하려고 많은 노력을 했습니다.　(　　　)

4 바다 동물들이 걱정하는 이유는 무엇입니까?

Why do the creatures of the sea become worried?

_____

_____

5 누가 한 말입니까? 알맞게 연결하세요.

Who said each statement? Connect each character to what they said.

(1) 잉어 •   • ① "좋은 약을 더 찾아보겠습니다."

(2) 음식을 만드는 신하 •   • ② "몸에 좋은 음식을 만들어 드립시다."

(3) 약방에서 일하는 신하 •   • ③ "열심히 기도하면 용왕님의 병이 나을 겁니다."

2

1 아래 단어를 사용해서 문장을 완성하세요.

Make a sentence with each word below.

(1) 산: _____

(2) 달: _____

(3) 의자: _____

(4) 침대: _____

2 빈칸에 알맞은 단어를 넣어 문장을 완성하세요.
Put the correct word in each blank to complete the sentences.

약	땅	안내하다	인사하다

(1) 토끼는 (   )에 사는 동물입니다.

(2) 신하들은 도사를 용왕님의 침실로 (   ).

(3) 용궁의 신하들은 도사에게 반갑게 (   ).

(4) 용왕님의 병은 너무 깊어서 (   )(으)로 치료할 수 없습니다.

3 '병을 고치다'와 바꾸어 쓸 수 있는 말은 무엇입니까?
Which expression means the same as 병을 고치다?

① 병이 깊다 　　　　　　　② 병이 낫다

③ 병에 걸리다 　　　　　　④ 병을 치료하다

4 도사가 설명한 내용과 다른 것은 무엇입니까?
Which of the following is NOT something the ascetic said?

① 산은 해의 힘이 강한 곳입니다.

② 용왕님과 토끼는 만나면 안 됩니다.

③ 용왕님이 사는 곳은 달의 힘이 강합니다.

④ 토끼의 간으로 용왕님의 병을 고칠 수 있습니다.

5 도사가 용왕님의 병을 볼 때 한 행동 두 가지는 무엇입니까?
What were the TWO actions the ascetic did when he examined the Dragon King's illness?

① 맥을 짚었습니다. 　　　　② 눈물을 흘렸습니다.

③ 얼굴 여기저기를 봤습니다. 　④ 작은 목소리로 천천히 말했습니다.

6 도사가 다음처럼 말한 이유는 무엇입니까?

Why did the ascetic say the following?

토끼의 간을 얻는 것은
쉽지 않을 겁니다.

_____

_____

_____

_____

<u>3</u>

1 빈칸에 알맞은 단어를 넣어 문장을 완성하세요.

Put the correct word in each blank to complete the sentences.

숨	박수	그리다	출발하다

(1) 장군은 물 밖에서 (　　　　　　)을/를 쉴 수가 없습니다.

(2) 오징어는 자라의 설명을 듣고 열심히 그림을 (　　　　　　).

(3) 신하들은 (　　　　　　)을/를 치며 문어 장군을 칭찬했습니다.

(4) 자라는 모두에게 인사한 후 토끼가 사는 곳으로 (　　　　　　).

2 반의어가 알맞게 연결된 것을 고르세요.

Choose the pair of words that are opposites in meaning.

① 굵다 - 짧다 　　　　　　　② 길다 - 높다

③ 낮다 - 가늘다 　　　　　　④ 느리다 - 빠르다

3 다음은 글에서 설명한 문어 장군과 자라의 특징입니다. 각각 맞는 설명을 찾으세요.

The following are characteristics of the Admiral Octopus and the turtle. Match them up by writing the number of each after the correct name.

① 느리다　　　② 힘이 세다　　　③ 입이 가늘다
④ 등이 부드럽다　　⑤ 무서운 것이 없다

(1) 문어 장군: _____ , _____ , _____　　(2) 자라: _____ , _____ , _____

4 아래 그림을 보고 토끼의 특징을 쓰세요.

Look at the illustration and complete writing the rabbit's characteristics.

예 귀가 **깁니다** .

(1) 코와 입 사이에 _____

_____ .

(2) 큰 앞니가 _____

_____ .

(3) 몸 전체에 _____

_____ .

(4) 뒷다리가 _____

_____ .

(5) 꼬리가 _____

_____ .

5 자라가 문어 장군에게 다음처럼 말한 이유는 무엇입니까?

Why did the turtle say the following to the Admiral Octopus?

문어 장군은 토끼를 잡아올 수 없습니다

_____

_____

_____

_____

6 용왕님은 토끼를 잡으러 가는 자라에게 무엇을 약속했습니까?

What did the Dragon King promise to the turtle for going to capture the rabbit?

_____

7 여러분이 자라라면 토끼가 있는 땅으로 가기 전 무엇을 준비하겠습니까?

If you were the turtle, what would you prepare before going to land, where the rabbit lives?

_____

<u>4</u>

1 〈보기〉와 같이 그림에 맞는 단어를 쓰고 문장을 만드세요.

Write the word that best describes each illustration, and then make a sentence using that word.

| 보기 | | 꽃 | 산에 꽃이 피었습니다. |

(1)   _____   _____

(2)   _____   _____

(3)   _____   _____

(4)   _____   _____

2 빈칸에 알맞은 단어를 넣어 문장을 완성하세요.

Put the correct word in each blank to complete the sentences.

구경	참다	훌륭하다	궁금하다

(1) 토끼는 처음 보는 동물의 이름이 (   ).

(2) 토끼는 웃음이 나왔지만 웃음을 (   ) 말했습니다.

(3) 용왕님은 (   ) 동물들을 뽑아서 용궁으로 초대합니다.

(4) 바다 (   )도 하고 용왕님도 만나러 용궁으로 가시겠습니까?

3 너구리가 한 말이 <u>아닌</u> 것을 고르세요.

Choose the statement that the raccoon did NOT say.

① 내 걱정은 하지 마.

② 자라의 말은 다 거짓말이야.

③ 그곳에 가면 나쁜 일이 생길 거야.

④ 높은 벼슬과 음식을 가지려 하지 마.

4 어울리는 것끼리 연결하여 문장을 완성하세요.

Connect the phrases that go together to create complete sentences.

(1) 백 번 듣는 것보다 •   • ① 배가 고파 죽는 줄 알았습니다.

(2) 작년 겨울에는 먹을 것이 없어서 •   • ② 조금도 쉬지 않고 숲으로 갔습니다.

(3) 자라는 다리도 아프고 힘들었지만 •   • ③ 한 번 직접 보는 것이 낫습니다.

5 자라는 토끼를 용궁으로 데려가려고 어떤 말을 했습니까?
What did the turtle say to the rabbit when trying to take him back to the Dragon Palace?

(1) _____

(2) _____

(3) _____

<u>5</u>

1 빈칸에 알맞은 단어를 넣어 문장을 완성하세요.
Put the correct word in each blank to complete the sentences.

느낌	전혀	화려하다	친절하다

(1) 바다 동물들은 모두 자라에게 (　　　　　　) 인사했습니다.

(2) 토끼는 갑자기 조금 무서운 (　　　　　　)이/가 들었습니다.

(3) 용왕님은 (　　　　　　) 의자에 앉아 토끼를 바라보았습니다.

(4) 토끼는 자라가 무슨 생각을 하는지 (　　　　　　) 알 수 없었습니다.

2 아래 단어와 '-(으)려고 하다'를 사용해서 계획을 나타내는 문장을 만드세요.

Choose the best word for each blank, and then add -(으)려고 하다 to create a sentence expressing a plan.

보다	하다	입다	먹다

(1) 생일 때 이 옷을 ( ).

(2) 오늘 저녁에 피자를 ( ).

(3) 이번 방학 때 여행을 ( ).

(4) 주말에 친구와 영화를 ( ).

3 자라의 거짓말을 알았을 때 토끼의 마음으로 알맞은 것을 모두 고르세요.

Choose all the answers that describe how the rabbit felt after learning about the turtle's lies.

① 놀라다　　　② 심심하다　　　③ 무섭다

④ 기쁘다　　　⑤ 재미있다　　　⑥ 미안하다

4 글의 순서에 맞게 번호를 쓰세요.

Order the events by writing their numbers in the correct order.

① 토끼는 자라와 함께 용궁으로 갔습니다.

② 토끼가 말했습니다. "제 간은 숲에 있습니다."

③ 토끼와 자라는 간을 찾으러 다시 땅으로 갔습니다.

④ 용왕님이 자라에게 말했습니다. "토끼와 함께 땅에 다녀오세요."

⑤ 토끼는 병사들에게 잡힌 뒤 자라가 자신에게 거짓말한 것을 알았습니다.

⑥ 용왕님이 말했습니다. "내 병을 치료할 수 있는 것은 토끼의 간밖에 없습니다."

⑦ 토끼는 자신을 믿지 않는 자라와 다른 신하들에게 자신의 배꼽을 보여 주었습니다.

① → _____ → _____ → _____ → _____ → _____ → _____

5 만약 여러분이 토끼처럼 간을 줘야 하는 상황이라면 어떻게 얘기하고 용궁을 빠져나왔을까요?

If you had to give up your liver like the rabbit, what would you say in order to escape the Dragon Palace?

_____

_____

<u>6</u>

1 그림에 맞는 단어를 쓰고 문장을 만드세요.

Write the word that best describes each illustration, and then make a sentence using that word.

(1) _____ _____

(2) _____ _____

(3) _____ _____

(4) _____ _____

2 빈칸에 알맞은 단어를 넣어 문장을 완성하세요.

Put the correct word in each blank to complete the sentences.

내려오다	넣다	돌아다니다	착하다

(1) 자라는 오랫동안 숲을 (   ).

(2) 토끼는 자라 등에서 빠르게 (   ).

(3) 신선은 자라의 (   ) 마음을 느꼈습니다.

(4) 세상에 간을 (   ) 빼는 동물이 어디에 있습니까?

3 글의 내용과 같은 것을 고르세요.

Choose the answer that matches the content of the story.

① 자라는 토끼를 잡지 못했습니다.

② 신선은 토끼에게 선물을 주었습니다.

③ 자라는 신선과 함께 용궁으로 갔습니다.

④ 토끼는 자라에게 자신의 간을 주었습니다.

4 신선이 자라에게 준 선물은 무엇입니까?

What gift did the ascetic give to the turtle?

_____

_____

5 글에서 자라는 임금에 대한 충성심으로 토끼를 속여 목숨을 빼앗으려고 했습니다. 이 행동에 대해 여러분은 어떻게 생각합니까? 여러분이라면 어떻게 행동했을까요?

In the story, the turtle used his loyalty to the king to trick the rabbit and take his life. What do you think about that kind of behavior? What would you have done in that position?

---

6 토끼는 자라를 따라 바다로 갔습니다. 이러한 토끼의 행동을 여러분은 어떻게 생각합니까?

The rabbit followed the turtle into the sea. What do you think about the rabbit's actions?

---

7 용왕님은 자신의 목숨을 위해 다른 생명을 희생시키려 했습니다. 이러한 용왕님의 행동에 대해 어떻게 생각합니까? 여러분이라면 어떤 결정을 했을까요?

The Dragon King tried to sacrifice the life of another creature to save his own life. What do you think about such behavior? What would you have decided if you were in his position?

모범 답안

1장

1 (1) 이유   (2) 도움
   (3) 유명한   (4) 걸려서

2 (1) 공부해서   (2) 맛있어서
   (3) 자서   (4) 좋아서

3 (1) ○ (2) × (3) ○

4 용왕님의 병을 고칠 방법을 찾을 수 없어서

5 (1) ③ (2) ② (3) ①

2장

1 (1) 예 친구들과 같이 산에 놀러갔습니다.
   (2) 예 오늘은 크고 예쁜 달을 구경하는 날입니다.
   (3) 예 교실에 가장 먼저 가서 의자에 앉았습니다.
   (4) 예 새 침대를 사서 기분이 좋습니다.

2 (1) 땅   (2) 안내했습니다
   (3) 인사했습니다   (4) 약

3 ④

4 ②

5 ①, ③

6 토끼는 매우 빠르고 똑똑한 동물이기 때문입니다.

3장

1 (1) 숨   (2) 그렸습니다
   (3) 박수   (4) 출발했습니다

2 ④

3 (1) ②, ⑤
   (2) ①, ③, ④

4 (1) 가늘고 긴 수염이 있습니다
   (2) 두 개 있습니다
   (3) 하얀 털이 있습니다
   (4) 앞다리보다 더 깁니다
   (5) 짧습니다

5 문어 장군은 물 밖에서 숨을 쉴 수 없기 때문입니다.

6 높은 벼슬과 큰 상을 주겠다고 약속했습니다.

7 예 만약을 위해 바닷속 보물을 가져갈 것입니다.

4장

1 (1) 나비, 예 나비가 날고 있습니다
   (2) 연못, 예 연못에 가서 손을 깨끗이 씻었습니다.
   (3) 구름, 예 오늘은 하늘에 구름이 많습니다.
   (4) 바다, 예 방학 때 바다에 갈까요?

2 (1) 궁금했습니다   (2) 참으며
   (3) 훌륭한   (4) 구경

3 ①

4 (1) ③ (2) ① (3) ②

5 (1) 용궁에는 겨울이 없어서 굶을 일이 없습니다.
   (2) 용궁에서는 동물들이 서로 잡아먹지 않아서
     도망칠 일이 없습니다.
   (3) 용궁에 가면 높은 벼슬을 할 수 있습니다.

5장

1 (1) 친절하게   (2) 느낌
   (3) 화려한   (4) 전혀

2 (1) 입으려고 합니다   (2) 먹으려고 합니다
   (3) 하려고 합니다   (4) 보려고 합니다

3 ①, ③

4 ⑤, ⑥, ②, ⑦, ④, ③

5 예 "용왕님, 제 간보다 좋은 약이 있습니다. 바로
   산삼입니다. 산삼은 깊은 산에서 자라서 아주
   좋은 약이 됩니다. 저는 집에 산삼을 두고 매
   일 먹어서 이렇게 건강합니다. 저를 보내 주
   시면 산삼을 가져오겠습니다." 이렇게 말하
   고 용궁에서 나올 것입니다.

6장

1 (1) 수염, 예 할아버지는 수염이 깁니다.
(2) 선물, 예 어머니 생신 선물을 백화점에서 샀습니다.
(3) 땅, 예 토끼는 땅에서 사는 동물입니다.
(4) 돌, 예 큰 돌 위에 앉아 쉬었습니다.

2 (1) 돌아다녔습니다   (2) 내려왔습니다
(3) 착한   (4) 넣고

3 ①

4 세상의 모든 병을 치료하는 약을 주었습니다.

5 예 자라는 토끼에게 거짓말을 했습니다. 용왕님을 위한 것이었지만 남의 생명을 소중하게 생각하지 않은 자라의 행동은 잘못되었습니다. 저라면 다른 방법을 찾기 위해 노력했을 것입니다.

6 예 토끼가 바다로 따라가서 죽을 뻔한 이유는 토끼가 많은 것을 가지려고 했기 때문이었습니다. 그러지 않았다면 자라가 무슨 말을 해도 다시 한번 생각하고 조심했을 것입니다.

7 예 자신이 살기 위해 다른 생명을 죽게 만들면 안 됩니다. 특히 바다의 왕으로서 신하들에게 옳지 않은 일을 시키면 안 됩니다. 저라면 용궁의 미래에 대해서 더 걱정했을 것입니다.

1

The Sick Dragon King

p. 11

This story takes place in a beautiful, deep sea.

Once upon a time, a very long time ago, the Dragon King of the sea fell ill and became bedridden for a long time.

Renowned doctors came to the Sea Palace to treat his illness.

But the doctors were unable to find the reason for the Dragon King's illness, so they returned home.

He tried a hundred medicines, but nothing worked.

"Oh dear, the Dragon King's illness is not getting better."

"All the creatures of the ocean are worried." The Dragon King's subjects lamented.

"Let's make him something healthy to eat," said a subject who was a chef.

"I will look for more medicine," said a subject who worked at a pharmacy.

p. 12

Thus the king's subjects tried their best to treat the king's illness, but he didn't get any better.

One day, all the palace subjects gathered together, and the old carp spoke.

"I've lived in the Sea Palace for a thousand years. Since old times, whenever we faced difficulties we would pray. So if we pray hard enough, the Dragon King's illness should get better."

"Okay, let's do that."

"I think the same."

Everyone agreed with this idea.

All of the subjects in the Sea Palace began to pray.

Upon hearing the sound of the palace subjects praying, other creatures in the East Sea joined them in their prayers.

"Please listen to our prayers and cure the Dragon King of his illness."

2

The Way to Cure the Illness

p. 13

It was the hundredth day since the creatures of the sea began praying.

An ascetic carrying a big cane heard the king's subjects praying and came to visit them.

The king's subjects gladly greeted the ascetic.

The ascetic then spoke.

"I came here when I heard the sound of your prayers. May I take a look at the Dragon King's body?"

The subjects guided the ascetic to the Dragon King's bedroom.

The ascetic entered the room and greeted the Dragon King.

Then he sat down in the chair next to the bed.

The Dragon King could not see well due to his illness.

But he could immediately tell that this ascetic was no ordinary ascetic.

p. 15

The Dragon King spoke slowly in a faint, weak voice.

"Please come over here, sir. What do you think? Can I be cured?"

The ascetic looked carefully at the Dragon King's face and also measured his pulse.

Then he spoke shortly afterward.

"Dragon King."

mountains where rabbits live, the power of the sun is strong. Therefore, Dragon King, if you eat the liver of a rabbit, your illness will be cured by the power of the moon and sun."
The king's subjects stopped weeping and listened quietly to the ascetic's words.
"But rabbits are very fast and smart animals. It won't be easy to obtain a rabbit's liver."
The Dragon King laughed and spoke.
"My subjects here will overcome all difficulties and bring back a rabbit's liver."
The ascetic also laughed upon hearing the king's words.
"Yes, soon you will be well."
The ascetic spoke these final words before vanishing into thin air.

3
The Efforts of the King's Subjects

p. 17

"All we need is the liver of a rabbit to cure the Dragon King's illness!"
"This is really amazing."
The king's subjects happily exchanged words.
Then the old carp spoke.
"Now then, who will go and fetch a rabbit's liver?"
The subjects stopped talking and looked at each other.
It was a very difficult thing for a water-dwelling animal to capture and bring a land-dwelling animal back to the sea.
The old carp asked once again.
"Is there no subject who will go and get a rabbit's liver?"
The king's subjects remained silent.
That's when it happened.

"Yes, please tell me. Can you cure my illness?"
"Dragon King, your sickness is so severe that it can't be treated by medicine."
"Oh dear, your highness!"
The king's subjects wept upon hearing the ascetic's words.
"However, there is only one thing that can cure your illness."
The Dragon King was astonished to hear the ascetic's words.
"What? What is that thing?"
"It's none other than a rabbit's liver," answered the ascetic.
"A rabbit's liver, you say? What's a rabbit?"
The Dragon King kept asking more questions.
"A rabbit is an animal that lives on land. When the powers of sun and moon come together, even the most difficult to treat illnesses can be easily cured.

p. 16

The power of the moon is strong in the sea, where the Dragon King lives. And in the

"Everyone, no need to worry. I will go and capture a rabbit."
Someone with a powerful voice had spoken.

p. 18

Surprised by the sudden outburst, the king's subjects looked in the direction of the voice. They saw a crimson body and head, and eight long, thick legs. Who could it be?
It was none other than the Admiral Octopus, a powerful creature who feared nothing.
The king's subjects clapped their hands and praised the Admiral Octopus.
"The Admiral Octopus can definitely capture a rabbit and bring it back."
"No one could do this job better than the Admiral Octopus."
Then, another voice spoke up.
"That won't do."
A low, quiet voice was heard.
Thin lips, slow feet, soft back.
Who could it be?
It was none other than the soft-shelled turtle, who had turned 10,000 years old that year.
There was no animal in the Dragon Palace who did not know about the turtle's abilities.
"Admiral Octopus, you can't capture a rabbit."
"What did you say? Why do you think that?"
The Admiral Octopus asked the turtle.
It appeared that the turtle was unaware of the Admiral Octopus's abilities, which caused him to become a little upset.

p. 19

"Admiral Octopus, have you ever seen a rabbit?"
As the turtle asked his question, the Admiral Octopus's face turned red.
"Uh, no. I have not."

"Have you ever been outside of the water, Admiral?"
"No, I have not."
"And what is the reason why you have not been outside of the water?"
The turtle continued his questions.
"Outside of the water, I can't breathe through my nose."
The Admiral Octopus answered.
The turtle chuckled and responded.
"I can breathe both inside and outside of the water. Although my home is in the water, sometimes I go on trips outside of the water."
"Is that true?"
The octopus asked.
"Yes, and on my trips out of water I've seen a rabbit. And I remember his face. So I will go and catch him."
"If that's the case, then tell us what a rabbit looks like."
The octopus asked about the rabbit because he didn't believe what the turtle was saying.

p. 20

The turtle listened to the request and spoke to the squid, who was an artist.
"Please listen carefully to my explanation and draw what a rabbit looks like."
The turtle began his explanation.
"A rabbit's eyes look like pearls, and its long

ears are on top of its head. The nose, which never stops moving, is between its eyes and mouth, and between the nose and mouth there's a long, thin beard. There are two large front teeth, and its body is covered with white fur. Its hind legs are longer than its front legs, and its tail is short."

The squid listened carefully to the turtle's explanation and drew a picture as best as he could.

The turtle looked at the drawing and, smiling, showed it to the king's subjects.

p. 21

"That's such a novel and unusual shape!"

"I've never seen this kind of animal before!"

The subjects spoke out as they looked at the drawing.

Then the turtle spoke.

"Everyone, do you believe me now?"

None of the king's subjects opposed the turtle now.

The king's subject who was a chef spoke up.

"Mr. Turtle, I'll prepare some delicious food for you. Please eat a lot before you go on land."

But the turtle was in a hurry.

"There's no time, so I will depart quickly."

The turtle returned home and said goodbye to his parents, wife, and children.

Once he was ready to go, he went to see the Dragon King.

"Dragon King, please do not worry. I will definitely capture the rabbit and bring him here."

"Thank you. I will not forget your kindness. If you can capture the rabbit, then I will give you a highly-ranked position and a large prize."

The Dragon King made this promise to the turtle.

The turtle bowed and left the king's quarters.

p. 22

All the other creatures were waiting for the turtle at the entrance to the Dragon Palace. The turtle spoke in his soft, yet firm, voice.

"I will be off now. Please take care of the Dragon King."

After saying farewell to everyone, the turtle departed for the place where the rabbit lived. Now that he was finally on his way, the turtle wondered to himself, "Can I get the job done?"

He was worried and nervous, but he mustered up his courage and continued onward.

"Please return safely!"

"Be sure to get the rabbit!"

All the king's subjects, together with all the turtle's friends and family, bid him farewell.

And they kept waving goodbye until the turtle was out of sight.

4

The Turtle Meets the Rabbit

p. 23

At last the turtle arrived on land.

He was exhausted from not resting for days, and his legs hurt.

And yet, without stopping to rest, he went to the forest across the way.

The forest smelled nice, and beautiful flowers were blooming everywhere.

In the valley, he could hear the birds singing, and the butterflies were flying about as if they were dancing.

But the turtle wasn't able to enjoy this beautiful scenery.

He could think of nothing else but wanting to find the rabbit.

The turtle tried looking for the rabbit in the forest for a long time.

Lots of land-dwelling animals lived in the forest, such as squirrels, deer, bears, tigers, and foxes.

But he could not find a rabbit.

Time passed, and it became lunchtime.

p. 24

The turtle sat down on a large rock nearby to rest for a moment.

But right then, something white went by very fast in front of a big tree.

"Could it be?"

The turtle hurried over to that area.

Long ears. Short tail. Strong back legs. Long, thin beard!

Yes, it was a rabbit!

After playing around in the forest, the rabbit went to a pond.

The turtle, without making a sound, went in the same direction as the rabbit.

However, the rabbit did not drink any water, and just gazed at his reflection in the water for a long time.

Then he suddenly started to sing a song.

> *"There's no animal in the world cuter than a rabbit.*
> *There's no animal in the world smarter than a rabbit.*
> *There's no animal in the world more popular than a rabbit.*
> *And that rabbit is me."*

The rabbit was an animal that liked to boast about himself.

The turtle watched the rabbit and felt at ease.

If he could take advantage of the rabbit's personality, then it should be easy to take the rabbit back to the Dragon Palace.

p. 25

The turtle went over to the rabbit and introduced himself.

"How are you today?"

The rabbit stopped singing and looked toward where the voice came from.

There he saw an animal he had never seen before.

It was short and had a strange appearance.

The rabbit didn't answer.

The turtle continued speaking.

"Who are you? I've never seen such a splendid animal before."

The rabbit listened, straightened up his shoulders, and responded.

"I am a rabbit, but my friends call me 'Mr. Rabbit.' Ha ha ha."

The turtle answered with a surprised voice.

"Is this true? Are you the famous Mr. Rabbit? I'm delighted to be able to meet you like this."

Hearing the turtle say, this made the rabbit happy.

"So, who are you?"

The rabbit was curious to know the name of this animal he was seeing for the first time.

p. 26

"I am a turtle. I have dreamed of meeting you, Mr. Rabbit."

The rabbit, delighted to hear this, smiled and chuckled.

But then he stifled his laughter and asked the turtle a question.

"But I'm seeing you for the very first time. Where did you come from?"

"I'm from the Dragon Palace."

The turtle answered.

"The Dragon Palace? Do you work at a palace?"

The rabbit was a bit shocked as he asked.

"Yes, that is correct."

The turtle responded with a smile.

The rabbit could not believe what the turtle was saying.

So he spoke as if he knew all about the palace.

"I know all about palaces very well. But I've never heard of the Dragon Palace. Where is this Dragon Palace?"

"The Dragon Palace is a palace in the sea. I have come from the sea. I'm come to the land on a short trip."

The turtle answered the rabbit courteously.

The rabbit asked again.

"The sea? But how does an animal that lives in the sea know about me?"

"All the creatures in the sea know about the clever Mr. Rabbit. Even the king of the sea, the Dragon King, wants to meet you."

The turtle answered.

p. 27

The rabbit, very surprised, blurted out in a loud voice without even realizing it.

"Dragon King?"

"Yes, that is correct."

It seemed like the rabbit believed what the turtle was saying.

"Mr. Rabbit, have you ever been to the sea?"

"Oh, no. I've been so busy that I haven't been able to go there."

The rabbit was not really busy, but he talked as if he were busy.

"The magnificent Mr. Rabbit has never been to visit the sea?"

The turtle then spoke as if something had just come to his mind.

"Oh, I'm in the middle of a trip on the land, but if you'd like, Mr. Rabbit, we can go together to the Dragon Palace right away. What do you think, Mr. Rabbit? Would you like to go visit the sea and meet the Dragon King at the Dragon Palace?"

The rabbit liked what the turtle was saying, but something felt a little strange.

So he was unable to answer the turtle's question.

The turtle knew that the rabbit didn't believe him, so he spoke again quickly.

p. 28

"The Dragon King selects the most magnificent animals and invites them to the Dragon Palace. And he gives them prestigious positions. Mr. Rabbit, you are the smartest animal on the land. If you go to the Dragon Palace, the Dragon King will be overjoyed."

But the rabbit continued to think there was something odd about the turtle's story, and he was also afraid of going into the sea, and thus he responded.

"I too want to meet the Dragon King and visit the sea. But look at this place. The green mountains, blue sky, pretty flowers, white clouds, and orange sun! I can't leave this beautiful place."
The turtle spoke again.
"But Mr. Rabbit, isn't it scary here?"
This prompted the rabbit to ask curiously.
"Why would this place be scary?"
The turtle responded.
"On land, it's hard for weak animals to survive because of the strong animals, and it's difficult in the wintertime because there's nothing to eat. That's why I'm afraid of this place."
The rabbit was very afraid of eagles and tigers.
Last winter, there was nothing to eat and he thought he was going to die of hunger.

p. 29
The turtle continued to speak.
"However, in the Dragon Palace, there is no cold winter. And there is always enough food to eat, so none of the creatures in the Dragon Palace ever go hungry."
"Is that true?"
The rabbit wanted to know.
"Yes, and at the Dragon Palace, the creatures don't catch and eat each other. Everyone is your friend, Mr. Rabbit."
The rabbit didn't think that a place as nice to live as the Dragon Palace existed.
The turtle, sensing that the rabbit was having a change of mind, continued speaking.
"If you go to the Dragon Palace, the Dragon King will give you a prestigious job, Mr. Rabbit."
"Do you think the Dragon King will really give me a prestigious job?"

"Of course. Even I, with nothing in particular to boast about, have a job there. You will surely get a position much, much better than mine."
The turtle continued.
"Mr. Rabbit. Rather than hear me say it a hundred times, it's better if you just go there once and see for yourself. Please believe me. If you sit on my back we can go there easily."

p. 30
The rabbit thought about it this way.
If he went to the Dragon Palace, he could always eat until he was full.
If he went to the Dragon Palace, he wouldn't have to avoid the powerful animals.
If he went to the Dragon Palace, he could get a prestigious job.
Then the rabbit made his decision.
"Mr. Turtle, let's go. To the Dragon Palace!"
That's when it happened.
Suddenly a raccoon appeared from somewhere near the pond and spoke to the rabbit.
"Don't go! The turtle's words are all lies!"
The raccoon was the rabbit's friend.
"Lies?"
The surprised rabbit looked at the turtle.

p. 31

The turtle became angry at the raccoon, who had appeared all of a sudden.

The raccoon continued talking to the rabbit.

"Don't go looking for a prestigious job or food. How could an animal of the land do a job in the sea? While it might be difficult living here on land, let's live here together."

The rabbit thought the raccoon was right, and didn't believe the turtle anymore.

The turtle, sensing that the rabbit was having another change of mind, spoke to the raccoon in anger.

"Are you really Mr. Rabbit's friend? A true friend would congratulate him when something good happened. But right now you are envious of this rabbit. You are not Mr. Rabbit's friend. Do you want Mr. Rabbit to struggle to survive on the dangerous land?"

p. 32

And then the turtle spoke to the rabbit.

"I said that because I care about you, Mr. Rabbit. But it doesn't look like you believe me, Mr. Rabbit. If you don't feel like going, then you don't have to go. I will return to the Dragon Palace alone. Please take care of yourself. It was a pleasure meeting you."

The turtle said goodbye and moved toward the sea.

Then the rabbit quckly shouted out.

"M...Mr. Turtle! Turtle! Please wait!"

The turtle was extremely pleased to hear the rabbit's voice.

But he looked at the rabbit with a nonchalant expression on his face.

The rabbit spoke.

"Don't think poorly of me. I believe you, Mr. Turtle. I believed you from the beginning. Mr. Turtle, let's go."

Though the turtle was happy, he spoke in a low voice.

"Really? In that case, let's go quickly, Mr. Rabbit. The Dragon King is waiting."

The raccoon shouted out in a loud voice.

"No. Don't go. Something bad is sure to happen if you go there!"

p. 33

The rabbit spoke to the raccoon.

"Don't worry about me. Once I get a prestigious job, I'll invite you to the Dragon Palace."

Then he went with the turtle toward the sea.

The raccoon worried about the rabbit and kept his eyes on them.

Soon the rabbit and turtle arrived at the beach.

"Mr. Rabbit, this is medicine that will allow you to breathe underwater. Take it and then hop on my back."

The rabbit climbed onto the turtle's back.

Once the turtle could see that the rabbit was on his back, he slowly entered the water.

The turtle then thought to himself.

"Dragon King, please wait just a little bit longer. I'll be there very soon."

Together, the turtle and rabbit finally set off for the Dragon Palace.

5

The Rabbit Goes to the Sea Palace

p. 34

The rabbit was happy.

A place without scary animals. A place with lots to eat. A place with prestigious jobs. It was as if the Dragon Palace had nothing but good things all around.

It was fun to explore the sea, too.

On their way to the Dragon Palace, the turtle and rabbit encountered many sea creatures, great and small.

All of the sea creatures kindly greeted the turtle.

The rabbit, seeing the other sea creatures behave this way, now believed the turtle even more.

However, the sea creatures did not look upon the rabbit with any warmth at all.

The rabbit, despite being very smart, did not think of this as strange.

That was because he could think of nothing but all the good things that were about to happen.

A few days passed.

The turtle spoke.

"Mr. Rabbit! That over there is the Dragon Palace."

"Wow! It's really beautiful!"

The rabbit was very excited to see the big, beautiful Dragon Palace.

p. 36

Finally the turtle and rabbit arrived at the Dragon Palace.

The turtle let the rabbit off at the Dragon Palace entrance and spoke.

"Please wait here for a moment. I'll go and meet the Dragon King first."

The rabbit, suddenly feeling a little scared, spoke up.

"I'll go with you."

But the turtle didn't answer, and went by himself toward the Dragon Palace.

"Mr. Turtle, please hurry! Please hurry back!"

The rabbit yelled loudly as he watched the turtle walk away.

What could he be up to?

Suddenly, soldiers came running out and tied the rabbit up with rope.

Astonished, the rabbit spoke out.

"Why are you tying me up? I'm a friend of Mr. Turtle. I came to meet the Dragon King. The Dragon King is going to give me a prestigious job today."

"Friend? Job?"

The soldiers laughed as they spoke.

p. 37

Seeing their reactions, the rabbit understood.

It had been a mistake to believe the turtle.

It had been a mistake to leave home.

It had been a mistake to enter the unknown sea.

The rabbit had no energy.

And he felt like he was going to cry.

The soldiers took the rabbit before the Dragon King.

The rabbit got down on his knees in front of the Dragon King.

The Dragon King sat on a brilliant throne and looked at the rabbit.

And to the side of the Dragon King stood the palace subjects.

The turtle was also among them.

The rabbit had no idea of what the turtle had been thinking.

The Dragon King spoke.

"Welcome. Was your journey into the sea enjoyable?"

"Pardon? Oh, yes, Dragon King."

The rabbit looked at the floor and spoke in a small voice.

The rabbit wanted to ask, "Why did you bring me here?"

p. 38

But he was too afraid to say anything.

What was going to happen next?

What would the Dragon King say?

Why did they tie him up with rope?

The rabbit did not know any of these things.

The Dragon King remained silent for a long time.

The king's subjects also waited quietly for the Dragon King to say something.

Finally the Dragon King started speaking.

"I have caught a disease. But there is no medicine that will cure it."

The Dragon King continued.

"However, there is one thing that can cure my disease."

The rabbit was very afraid to hear what the king would say next.

"It is none other than the liver of a rabbit."

"What?"

p. 40

Hearing the Dragon King's words, the rabbit felt like his head was starting to spin.

The Dragon King spoke again.

"The liver of a rabbit is the only thing that can cure my disease."

The rabbit was so surprised that his faced turned white.

"My, my liver?"

The rabbit wanted to ask, "So, does that mean I will die?" but he was so frightened that his voice wouldn't come out.

The Dragon King spoke.

"Don't feel too sad. You can cure the Dragon King's disease with your liver. It will be a meaningful death. All the creatures of the sea will feel grateful."

After speaking to the rabbit, the Dragon King turned toward the soldiers.

The soldiers had prepared a big knife and a bowl to put the rabbit's liver into.

The rabbit closed his eyes and thought.

p. 41

"I can't die here. I lived perfectly well even in a place where there are tigers and no food in the winter. And because I'm smart, all I need to do is think about this. Think, think..."

The rabbit opened his eyes and slowly spoke.

"Dragon King. Can my liver really cure your disease?"

"Yes, the honorable ascetic said so."

"That's good. The Dragon King is the king of the vast sea, and yet I am a small animal that lives in the mountains. I would offer my liver to you countless times, Dragon King."

The rabbit spoke again while looking at the turtle.

"Mr. Turtle, why didn't you tell me? If you had told me the truth in advance, I would have brought my liver with me. Right now my liver is not here. It's in the forest."

"What did you say? Ha ha ha!"

Hearing what the rabbit said, all the king's subjects laughed.

The rabbit's feet were sweating.

p. 42

The turtle looked at the Dragon King and spoke.

"Dragon King, that is a lie. There is no animal in the world that can remove its liver and put it back into its body."

And then the turtle spoke to the rabbit.

"I can understand your desire to live. However, we don't believe in such lies."

The rabbit spoke in a quiet voice.

"Dragon King, a lot of animals know that my liver is good for their health, and they all try to take it from me. I am a weak animal, so it's dangerous if my liver is inside my body. That's why I leave my liver in a place that only I know about before going somewhere."

The turtle became angry and shouted.

"Please, no more lies!"

Then he spoke to the soldiers.

"Are you prepared to remove the rabbit's liver?"

Even though the rabbit was startled, he spoke as if he wasn't.

"It's not a lie. There's a place in my body where I can take out my liver and put it back in. Everyone, please come over and take a look."

The rabbit showed the king's subjects his belly button.

The subjects shouted out excitedly.

"There's the place. It really exists!"

p. 43

The Dragon King took a moment to think about this.

Then the rabbit suddenly started crying.

The Dragon King asked the rabbit why he was crying.

The rabbit responded.

"I'm worried that the Dragon King, Your Highness, will only believe what your subjects say and will cut open my belly. I am fine with dying. However, right now my liver is not inside my body. After I am dead you won't be able to know where my liver is located. And therefore you won't be able to fully cure your disease. I'm crying because I am heartbroken."

The Dragon King, believing that the rabbit had a good heart, spoke to the turtle.

"Please go together with the rabbit back to the land. And then get the rabbit's liver and bring it back."

The rabbit was so excited to hear the Dragon King's words that he wanted to dance, but he restrained himself.

The turtle heard the Dragon King's order and responded.

"In that case, we should hurry."

After bowing in front of the Dragon King, the turtle departed for the land together with the rabbit.

6

The Rabbit's Liver

p. 44

The rabbit and turtle arrived on land.
The rabbit quickly got off of the turtle's back.
The turtle spoke to the rabbit.
"Mr. Rabbit, where is your liver? We don't have any time to spare. Let's go quickly to find your liver."
Without answering, the rabbit quickly hopped away.
"Mr. Rabbit, let's go together! Please wait a minute!"
The rabbit looked at the turtle and spoke.
"Where in the world would there be an animal that could take out its liver and put it back in?"
"What? What do you mean by that?"
"The Dragon King desires a lot of things. If he doesn't want to die, then why doesn't he understand that other animals don't want to die either?"

p. 45

The rabbit continued speaking.
"Mr. Turtle, I believed you. But you lied to me from the beginning."
"I'm sorry. But I dearly wish to cure the Dragon King's disease. Come with me and let's go back to the Dragon Palace together."

"I'll die if I go to the Dragon Palace, so why would I go back?"
The rabbit laughed, and then ran off into the forest.
"Mr. Rabbit! Mr. Rabbit!"
The turtle was too slow to be able to catch the rabbit.
Nonetheless, he entered the forest in search of the rabbit.
The turtle wandered around the forest for a long time.
Then he sat down on top of a big rock.
His legs were sore from wandering around for such a long time.
The turtle then cried very loudly.

p. 46

"Oh no, Dragon King, I'm so sorry. I was unable to capture the rabbit. What can be done about your disease now?"
Then he looked to the sky and spoke.
"I can't go back to the Dragon Palace. I was unable to fulfill my promise, so it's better that I just die."
High up on the rock, the turtle closed his eyes.
That's when it happened.
"Mr. Turtle, please stop."
Somebody was talking.
When the turtle opened his eyes, a man wearing white clothes was standing in front of him.
A long, white beard flowed down all the way to his feet.
"Who, who are you?"
The turtle asked in surprise.
"I am a hermit."
With a sad face, the turtle asked him a question.
"Mr. Hermit, did you come here because of my mistake?"

The hermit spoke with warm affection.
"I have seen all of your actions from the Heavens above, and I have felt your good heart. And that is why I have come to bring you a gift."

The sun setting over the sea was a beautiful sight.
The sea warmly embraced the turtle's small body.

p. 48

The hermit gave the turtle a pill.
"Take this with you. It is a medicine that treats every disease in the world. If the Dragon King takes this medicine, he will be completely cured."
The turtle was so happy that he started to cry.
"Mr. Hermit, thank you. Thank you very much."
The turtle bowed to the hermit, and when he got up again the hermit went back into the clouds and disappeared.
The turtle hastily departed for the Dragon Palace.

MEMO

MEMO

Darakwon Korean Readers

토끼전 The Story of the Rabbit

Adapted by Kim Yu Mi, Bae Se Eun
Translated by Chad A. Walker
First Published July, 2020
Second Printing May, 2023
Publisher Chung Kyudo
Editor Lee Suk-hee, Baek Da-heuin, Han Ji-hee
Cover Design Yoon Ji-young
Interior Design Yoon Ji-young, Yoon Hyun-ju
Illustrator SOUDAA
Voice Actor Shin So-yun, Kim Rae-whan

Published by Darakwon Inc.
Darakwon Bldg., 211 Munbal-ro, Paju-si, Gyeonggi-do
Republic of Korea 10881
Tel : 02-736-2031 Fax : 02-732-2037
(Marketing Dept. ext.: 250~252, Editorial Dept. ext.: 420~426)

ISBN 978-89-277-3260-0 14710
       978-89-277-3259-4 (set)

Visit the Darakwon homepage to learn about our other
publications and promotions and to download the contents of
the MP3 format.

http://www.darakwon.co.kr
http://koreanbooks.darakwon.co.kr